Rainer Erices

Polikliniken

in der ambulanten
Gesundheitsversorgung
der DDR

Inhaltsverzeichnis

Die erste Poliklinik in Thüringen

Am 10. September 1947 öffnete in Gotha die erste »Allgemeine Poliklinik« Thüringens nach dem Krieg. Schnell, so berichtete der Beauftragte für die Polikliniken Dr. Zwerg in der Fachzeitschrift »Das Deutsche Gesundheitswesen«, habe die Einrichtung das Vertrauen der Menschen errungen. Die Zahl neuer Patienten wuchs rasch. Nach rund einem halben Jahr reichten die Räume nicht mehr aus, die Poliklinik zog in ein neues Domizil um, Karl-Marx-Str. 11, Nähe Hauptbahnhof, mit Straßenbahnanschluss. Neun verschiedene Fachrichtungen fanden nun unter einem Dach Platz. Damit übernahm die Poliklinik einen Großteil der ambulanten Versorgung für die Stadt und den Landkreis Gotha. Ein praktischer Arzt, der auch Hausbesuche übernahm, ein Internist und ein Chirurg, arbeiteten ganztägig vor Ort. Die Fachärzte für Frauenheilkunde, Hals-Nasen-Ohren-Krankheiten, »Nervenleiden«, Kinder- und Augenkrankheiten sowie ein Zahnarzt behielten ihre eigene Praxis und arbeiteten halbtags in dem Haus. Die neue Poliklinik verfügte über eine Beobachtungsstation mit zehn Betten, ein modernes Röntgengerät und ein Labor für Routineuntersuchungen sowie über eine Apotheke. »Der Patient verlässt die Poliklinik nicht nur mit dem Rezept, sondern mit der Arzneiflasche, mit dem Medikament in der Hand«, schrieb Dr. Zwerg. Außerdem waren in dem Haus drei Beratungsstellen untergebracht – für werdende Mütter, für Nerven- und Gemütskranke sowie eine Stelle für Ehe- und Sexualberatung. Zusätzlich sollte ein Operationssaal für kleinere und mittlere chirurgische Eingriffe entstehen. Das blieb vorerst nur ein Plan. Denn es erwies sich als außerordentlich schwierig, nötiges Inventar und Instrumente zu beschaffen. Schwierig erwies sich auch die Suche nach zwei jungen Hilfsärzten, die für durchgehende

Tag- und Nachtdienste eingestellt werden sollten, so dass die Poliklinik zu jeder Zeit geöffnet werden könnte. Dr. Zwerg war zuversichtlich, dass es im Einvernehmen mit dem zuständigen Ministerium für Arbeit und Sozialwesen in Erfurt gelinge, die Poliklinik Gotha zu einem »modernen Untersuchungs- und Behandlungsinstitut auszubauen, welches in erster Linie den gesundheitlichen Belangen der werktätigen Bevölkerung werden soll«.

Die Poliklinik von Gotha war nicht die erste derartige ambulante Einrichtung außerhalb eines Krankenhauses innerhalb der Sowjetischen Besatzungszone (SBZ). Den Anfang hatte bereits im Dezember 1946 eine Poliklinik in Schwerin gemacht. Kurz darauf wurden beispielsweise in Berlin und Leipzig große Polikliniken eröffnet. Insgesamt wuchs die Zahl rasch, Polikliniken und kleinere Ambulatorien übernahmen schrittweise die ambulante Versorgung. Ende 1947 gab es innerhalb der SBZ 14 selbständige Polikliniken, dazu kamen 39 an Krankenhäusern, Tendenz steigend.

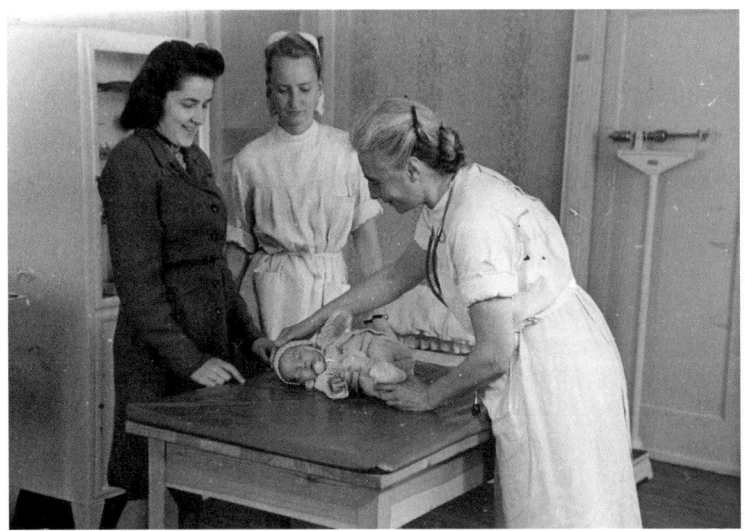

Eine Mutter bei der Kinderärztin der Poliklinik in Neubrandenburg, 1948.

Ein neuer Gedanke in der ambulanten Versorgung?

Mit dem Aufbau von Polikliniken und der Umstrukturierung des ambulanten Gesundheitswesens wollten die neuen Machthaber in der Sowjetischen Besatzungszone eine ressourcenschonende, von »privaten Profitinteressen« freie Gesundheitsversorgung für alle Menschen schaffen. Ambulante Krankenbehandlung unter einem Dach mit Prophylaxe, Diagnostik, Physiotherapie, Sozial- und psychologischer Beratung sollten das Aushängeschild des Gesundheitswesens innerhalb einer neuen Gesellschaftsordnung im Osten Deutschlands werden. Diese Entwicklung wurde von der Besatzungsmacht (SMAD) unterstützt, auch wenn damit im Grunde kein sowjetisches Vorbild genutzt wurde: Die neue Gesundheitspolitik innerhalb der SBZ knüpfte an ältere deutsche Traditionen und insbesondere sozialdemokratisch geprägte Forderungen an. Das Erfurter Programm der SPD hatte bereits 1891 die Gesundheitspflege als bedeutende gesellschaftliche Aufgabe definiert und kostenlosen Zugang zur ärztlichen Versorgung für alle gefordert. Der deutschen Tradition entsprach auch, dass medizinische Leistungen über Sozialversicherungsbeiträge finanziert werden sollten und dass Patienten ein Recht auf freie Arztwahl innerhalb der ambulanten Gesundheitsversorgung hatten.

Die Poliklinik selbst war ebenso wenig eine Erfindung der Nachkriegszeit. Bereits Anfang des 19. Jahrhunderts hatte der aus Thüringen stammende Arzt Christoph Wilhelm Hufeland an der Universität Berlin ein poliklinisches Institut gegründet. Auch an anderen deutschen Universitäten waren zu jener Zeit Polikliniken entstanden. Sie dienten vor allem der

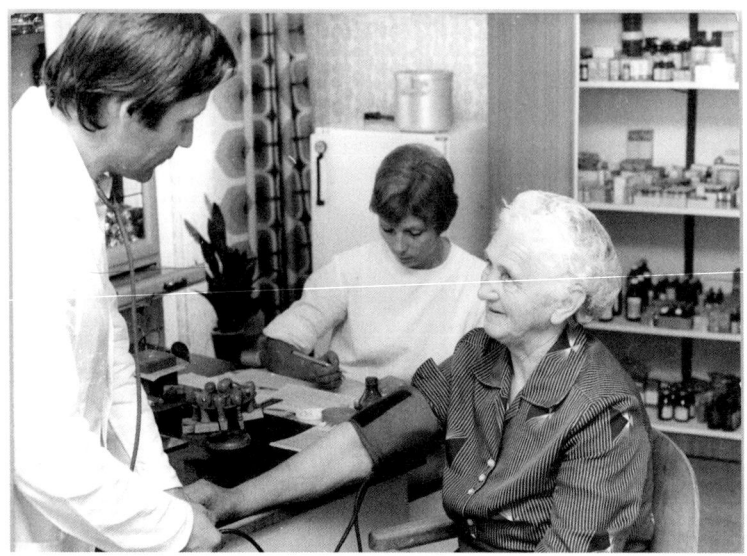

Bundesarchiv, Bild 183-U1015-019, Hubert Link

Ein Facharzt für Allgemeinmedizin des Landesambulatoriums Burow (Mecklenburgische Seenplatte) misst den Blutdruck einer Patientin, 1979.

ambulanten Behandlung von mittellosen Patienten. Darüber hinaus wurden hier Medizinstudenten praxisorientiert ausgebildet, auch Vorlesungen fanden statt. Die Berliner Poliklinik Hufelands bestand aus verschiedenen Fachabteilungen, die Patienten wurden kostenlos untersucht und behandelt. Eine angeschlossene Apotheke gab verschriebene Medikamente – ebenfalls kostenlos – ab.

Aufbau der Versorgung nach dem Krieg

Nach dem Ende des Zweiten Weltkriegs war die soziale Lage besonders im Osten Deutschlands katastrophal. Die Menschen litten unter Mangelernährung, die hygienischen Zustände waren schlecht, es fehlten Ärzte und klinische Einrichtungen. Tuberkulose war die Volkskrankheit schlechthin, auch Durchfallerkrankungen wie Ruhr und Typhus sowie Fleckfieber und Poliomyelitis waren weit verbreitet. In den beiden Nachkriegsjahren starben in der SBZ über 40.000 Menschen an Tuberkulose. Auch die Säuglingssterblichkeit war hoch. Insgesamt gab es etwa 60.000 Krankenhausbetten gegenüber 137.000 vor dem Krieg auf dem Gebiet der SBZ. Es fehlten medizinische Verbrauchsmaterialien. Auch Arzneimittel waren äußerst knapp, denn innerhalb des SBZ-Gebietes gab es kaum Betriebsstätten für die Produktion von Medikamenten.

Angesichts dieser katastrophalen Lage war die sowjetische Besatzungsmacht gezwungen, rasch ein funktionierendes Gesundheitssystem aufzubauen. Die SMAD verfügte über eine eigene Abteilung Gesundheitswesen mit über einhundert zivilen und militärischen Fachleuten. Hauptfokus war der Kampf gegen Seuchen und Geschlechtskrankheiten. In mehreren Befehlen regelte die Besatzungsmacht die Gesundheitsversorgung – darunter, im Befehl 272 vom 11. Dezember 1947, den Aufbau von Polikliniken. Darin hieß es: »Die Polikliniken stellen den Grundpfeiler einer fortschrittlichen Entwicklung des neuen demokratischen Gesundheitswesens Deutschlands dar. Sie werden zur Verbesserung der medizinischen Versorgung der Werktätigen entscheidend beitragen.« Mit dem Befehl wurden die einzelnen Landesregierungen und die entsprechenden Gesundheitsämter verpflichtet, die Kommunen beim Aufbau der neuen Einrichtungen zu fördern. Außerdem

Werbung für die Schutzimpfung gegen Tuberkulose bei Kindern, 1950.

ordneten die sowjetischen Besatzer im Befehl 234 den Aufbau eines Betriebsgesundheitswesens an, demnach ähnliche ambulante Strukturen innerhalb größerer Betriebe zu errichten waren.

Dem SMAD-Befehl waren Absprachen mit der deutschen Seite vorausgegangen. So hatte die 1946 gegründete Sozialistische Einheitspartei Deutschlands (SED) vorab ihr internes gesundheitspolitisches Programm konkretisiert. Demnach sollte »das gesamte Heil- und Gesundheitswesen in Gemeindebetriebe unter Ausschaltung aller privatwirtschaftlichen Interessen« überführt werden. Am 31. März 1947 beschloss das Zentralkomitee der SED seine Richtlinien. In diesen wurde die Neuordnung des Gesundheitswesens festgelegt – mit dem Ziel, die »Gesundheit und Leistungsfähigkeit der Werktätigen«, also der arbeitenden Bevölkerung, zu erhalten. Die Tätigkeit des Arztes sei in der Vergangenheit, so hieß es, zu einem Gewerbe verkommen. Ein neues Gesundheitswesen würde ihn aus dieser »unwürdigen Lage« befreien. Entsprechend sollten Krankenhäuser und Kuranstalten verstaatlicht werden und einer sozialistischen Planwirtschaft unterliegen. Außerdem sollte ein Netz von öffentlichen Polikliniken geschaffen werden – mit einer »ausreichenden Ausstattung« an »allen diagnostischen und therapeutischen Einrichtungen«. Zentral war der Gedanke der Prophylaxe von Krankheiten. Darunter fielen besonders die Schwangeren- oder Mütterbetreuung, Impfprogramme, Reihenuntersuchungen in Betrieben inklusive Volksröntgenprogramm sowie die Krebsvorsorge. Hinter diesem Präventionsgedanken stand die Idee von einem sich gegenseitig bedingendem Verhältnis aus sozialer Lage und dem körperlichen Befinden. Im neuen, als demokratisch deklarierten Gesundheitssystem sollten alle Menschen das umfassende Recht haben, ihre »körperlichen und geistigen Kräfte« zu entfalten. Zentral war dabei der Gedanke des Erhalts der Arbeitskraft. Mit Prävention gemeint war jedoch nicht allein der Schutz vor Krankheiten, der Begriff umfasste auch soziale staatliche Leistungen wie Kinderkrippen und Möglichkeiten für Rehabilitation.

Eine besondere Rolle spielte in der SED-Gesundheitspolitik außerdem die Dispensairebetreuung. Unter Dispensaire wurden ursprünglich in Frankreich Einrichtungen zur Betreuung chronisch Kranker bezeichnet. Nach sowjetischem Modell wurde der Begriff in der DDR geweitet – der Dispensairegedanke umfasste nun eine Einheit von vorbeugender systematischer Untersuchung, Behandlung und Nachsorge im Rahmen von bestimmten chronischen Erkrankungen. Patienten mit gleichem Krankheitsbild oder mit gleichen Risiken wurden also innerhalb der Dispensairebetreuung erfasst und kontinuierlich betreut. Die DDR verband damit auch »die kostenlose ärztliche Beratung und Behandlung als gesellschaftliche Pflicht bei gleichzeitigem Übergang zur aktiven ärztlichen Tätigkeit«. Jeder Einzelne, sollte sich im Rahmen der gesamtgesellschaftlichen Verantwortung aktiv an der eigenen Gesunderhaltung beteiligen. Neben dem Recht auf eine medizinische Betreuung stand die Pflicht zur Gesundheitsfürsorge. Staatlich vorgeschrieben war eine Betreuungskette von der Vorsorge, Früherkennung bis zur Nachsorge abhängig von Erkrankung, Risiko oder Schweregrad. Das betraf zum einen vor allem das Betriebsgesundheitswesen und zum anderen Patienten mit bestimmten chronischen Leiden, wie Krebserkrankungen oder Diabetes. Die tatsächliche Umsetzung des Dispensairegedankens änderte sich im Verlauf der Jahre. Zunächst wurden Dispensairestellen in Polikliniken eingerichtet, sie gehörten zur ambulanten Betreuung. Später war das Dispensaire auch Aufgabe der Krankenhäuser.

Von Anfang an war das Gesundheitswesen Teil der zentralisierten DDR-Planwirtschaft bei gleichzeitig hoher ideologischer und damit innenpolitischer Bedeutung. Die Probleme, die sich bereits in den Anfangsjahren von SBZ und DDR offenbarten, blieben dabei mehr oder weniger ausgeprägt bis zum Ende im Jahr 1989 bestehen. Dazu gehörten vor allem der Ärztemangel, erhebliche Versorgungsschwierigkeiten und auch Geldmangel. Finanziert wurden die Leistungen des Gesundheitswesens über die Beiträge der Sozialversicherung und der

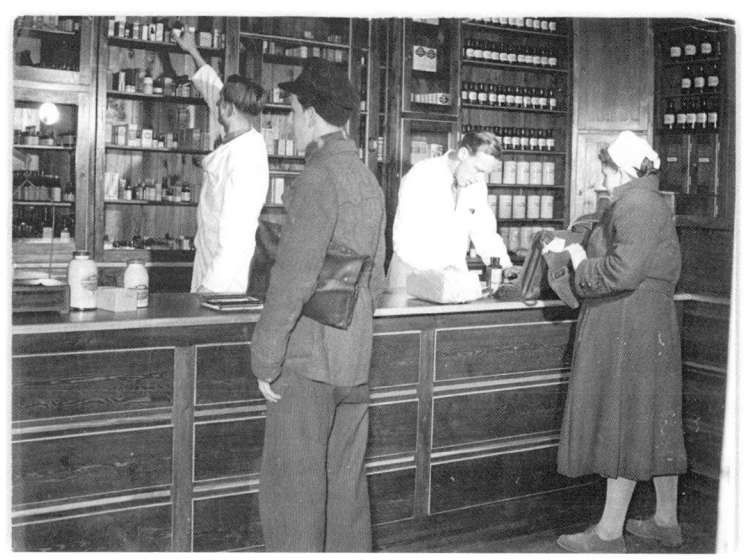

Die Apotheke der Poliklinik im Landkreis Forst an der Lausitz. Hier können Patienten sofort Medikamente erhalten, 1951.

staatlichen Versicherung. Die Mehrheit der Menschen in der DDR war in der Sozialversicherung pflichtversichert. Der Beitragssatz betrug einheitlich zwanzig Prozent des Bruttoeinkommens, wobei die Hälfte davon von der jeweiligen Arbeitsstelle getragen wurde. Die staatlichen Gesundheitseinrichtungen und deren Personal finanzierte die DDR direkt. Zusätzlich subventionierte der Staat die Sozialversicherung. Die eingezahlten Beiträge der Bevölkerung reichten nicht aus, um die steigenden Kosten des Gesundheitswesens zu decken. Die Folge waren deutliche Mehrbelastungen für den Staatshaushalt, zunehmend über die Jahre. Unabhängig davon lagen die Gesamtausgaben der DDR für ihr Gesundheitssystem deutlich unter denen der Bundesrepublik – besonders im ambulanten Bereich.

Bundesarchiv, Bild 183-45252-0014, Köhne

Ein Röntgenzug bei der Landbevölkerung in Hermstedt/ Thüringen, 1957.

Arztbild im Wandel

Mit dem Ziel einer größtmöglichen Verstaatlichung des Gesundheitswesens und dem Aufbau von Polikliniken und Ambulatorien musste sich das traditionelle ärztliche Berufsbild wandeln. Das Gros der Ärzte war vor 1945 in eigener Praxis beschäftigt gewesen. Eine Arzttätigkeit in einem Krankenhaus, also im Anstellungsverhältnis, hatte zwar im 20. Jahrhundert an Bedeutung gewonnen. Für viele Mediziner stellte diese Tätigkeit jedoch eine Durchgangsstation auf dem Weg zur eigenen Praxis dar. Mit den Veränderungen der ambulanten Versorgung wurde nun das Gros der ambulant tätigen Ärzte Angestellte des staatlichen Gesundheitswesens. Nur wenige Ärzte wagten den Verbleib in der eigenen Niederlassung.

Innerhalb der Ärzteschaft stieß die Neustrukturierung des Gesundheitswesens auf erhebliche Widerstände. Mit der Verstaatlichung kamen neben dem Wegfall der Selbständigkeit weitere Einschränkungen auf die Mediziner zu. Um dem Ärztemangel beispielsweise zu begegnen wurden besonders in der unmittelbaren Nachkriegszeit Ärzte aus »Überschussgebieten« zur Anstellung in unterversorgten Regionen verpflichtet. Bis zum Ende der DDR wurden Medizinbewerber und junge Ärzte in ihren Entscheidungsfreiheiten eingeschränkt – etwa bei einer gewünschten Studienzulassung oder Facharztrichtung. Weitere staatliche »Lenkungsmaßnahmen« behinderten eine freie Praxisführung, darunter auch eine Benachteiligung bei der Geräteversorgung. Hinzu kamen Rechtsunsicherheiten für Praxisärzte. Eine organisierte Interessenvertretung gab es nicht mehr nach der Zerschlagung kassenärztlicher Vereinigungen 1946. Ein Praxisarzt konnte zu einer nebenberuflichen Tätigkeit im staatlichen Gesundheitswesen verpflichtet und damit zum Teil seiner Praxis entzogen werden. Bei fehlenden staatlichen ambulanten Betreuungsmöglichkeiten konnte die Praxis sogar zu einer staatlichen Außenstelle erklärt werden. Öffentlich und in der späteren DDR-eigenen Geschichtsschreibung wurde gegen freiberufliche Ärzte als »konservative Kräfte« polemisiert. Sie würden, so hieß es in der Propaganda, »in Ärzteversammlungen, im Bekanntenkreis, bei Patienten und in der Öffentlichkeit die Poliklinikärzte, die in der Regel auch die politisch progressiven waren,« diskriminieren. Unterlagen der Nachkriegszeit belegen allerdings auch, dass Privatpraxen weiter intern erwünscht waren, um die Versorgung zu sichern. Eine Richtlinie aus dem Jahr 1961 bestätigte ausdrücklich, dass private Niederlassungen von Ärzten möglich seien. Gleichwohl wurde von diesem Recht kaum Gebrauch gemacht, Privatpraxen waren offiziell nicht gewollt, sie galten als »Verirrungen«, ihre Zahl sank bis zum Ende der DDR.

Bundesarchiv, Bild 183-S78675, Heinscher

Besprechung in der Poliklinik der Agfa-Betriebe in Wolfen (heute Bitterfeld-Wolfen, Sachsen –Anhalt). Außer der Poliklinik unterhalten die Werke ein Betriebs-Krankenhaus, ein Entbindungsheim und einen Tageskindergarten, 1948.

Eines der wesentlichen Ziele der neuen Machthaber im Rahmen der Gesundheitspolitik war das Brechen des »bürgerlichen Bildungsprivilegs«. Ärzte sollten ab nun bestenfalls aus Familien von Arbeitern und Bauern stammen. Damit sollte auch eine soziale Gleichheit bei der medizinischen Betreuung gewährleistet werden. Die Bereitschaft eines Großteils der Ärzte, diese Politik zu unterstützen, blieb entsprechend über die Jahre relativ gering ausgeprägt. So war auch der Anteil von Medizinern in der SED vergleichsweise klein. 1951 war etwa jeder neunte Arzt Mitglied, 1960 waren es mit knapp 12 Prozent unwesentlich mehr. Der Einfluss von SED-nahen Ärzten stieg allerdings über die Jahre. Der Anteil von SED-Parteimitgliedern war unter führenden Medizinern an Universitäten hoch.

Ärzten kam innerhalb der neuen Gesundheitspolitik auch eine ideologische Rolle zu. Ihre Pflicht war es, sich an der Herausbildung des sozialistischen Bewusstseins zu beteiligen. Verknüpft wurde diese Maßgabe in der Propaganda mit dem neuen ärztlichen Ethos: Erst im Sozialismus würden Ärzte überhaupt die Möglichkeit erhalten, »dem humanen Gehalt ihrer Arbeit und den Ansprüchen der Wissenschaft« wirksam gerecht zu werden. Dem Gesundheitswesen wurde somit eine per se politische Aufgabe zugewiesen. Ärzte hatten ihren gesellschaftlichen Beitrag zum Aufbau der neuen Gesellschaftsordnung beizutragen. Bis zum Ende der DDR spielte die Politisierung im Berufsleben der Ärzte eine wesentliche Rolle.

Innerhalb dieses Spannungsfelds musste sich die SED immer wieder mit der Frage auseinandersetzen, warum es dem Staat nur schwer gelang, Ärzte für die eigene Politik zu gewinnen. Eine Bestandsaufnahme der Nachkriegszeit hatte bereits zu dem Fazit geführt, dass die medizinischen Fakultäten innerhalb der SBZ »die reaktionärsten an allen Universitäten« waren. Gemeint waren damit sowohl Lehrkörper als auch Studenten. Gegen Ende der DDR schätzten führende Akteure selbstkritisch ein, dass es weniger die Gesundheitspolitik an sich gewesen war, sondern eher das Brechen von bürgerlichen Traditionen und dem Standesdenken etwa von Ärztefamilien, das zum beständigen Misstrauen der Ärzteschaft in der DDR führte. Unabhängig davon war die DDR freilich abhängig vom wohlwollenden Mitwirken aller Ärzte im Sinne eines funktionierenden Gesundheitswesens. So sah sich die SED immer wieder gezwungen, Zugeständnisse zu machen, die der eigenen Ideologie im Grunde widersprachen. Gegenüber der durchschnittlichen Bevölkerung waren DDR-Mediziner deutlich privilegiert.

Bundesarchiv, Bild 183-53990-0003, Rudi Ulmer

24. März 1958: Erstmals werden Schutzimpfungen gegen spinale Kinderlähmung (Poliomyelitis) durchgeführt.

Entwicklung der Polikliniken in der DDR

Anfang der 1950er-Jahre waren die neuen ambulanten Strukturen der DDR im Wesentlichen aufgebaut. Einer Statistik zufolge existierten 184 Polikliniken – sowohl selbstständig-kommunal als auch angeschlossen an Krankenhäuser, Universitäten oder Betriebe. Bis zum Ende der DDR wuchs die Zahl. 1989 gab es 626 staatliche Polikliniken, ein Drittel davon war selbstständig. Hinzu kam eine große Zahl an Ambulatorien (1950: 575, 1989: 1.020), die als kleinere Version der Poliklinik weniger Fachrichtungen boten und die vor allem auf dem Land, aber auch in Städten und Betrieben zu finden waren. Im Jahr 1989 arbeiteten 90 Prozent aller ambulant tätigen Mediziner in den DDR-typischen Einrichtungen wie Poliklinik oder Ambulatorien. Noch rund 341 Ärzte von über 20.000 ambulant tätigen Medizinern arbeitete in eigener Praxis.

In einer Bestandsaufnahme aus dem Jahr 1950 kritisierten die staatlichen Verantwortlichen allerdings den Zustand vieler Polikliniken. »Nicht alle« würden dem »Idealzustand öffentlicher Behandlungsstellen« aufweisen. Fachärzte würden fehlen, die Wartezeiten seien zu lang, Warteräume überfüllt und überhaupt würden »freundliche und angenehme Aufenthaltsräume« fehlen. Ein Bericht aus der Poliklinik Altenburg jener Zeit zeigt beispielhaft, dass die wirtschaftliche Entwicklung nicht mit den Erfordernissen der Gesundheitsbetreuung Schritt hielt. So fehlten in der großen Allgemeinen Poliklinik, die die ambulante Versorgung der Stadt prägte, jahrelang geeignete Röntgengerätschaften.

Abgesehen davon hatte sich zu dieser Zeit das DDR-Gesundheitsversorgung insgesamt deutlich stabilisiert. Innerhalb der stationären Betreuung war die Gesamtbettenzahl über das Vorkriegsniveau angestiegen. Die pharmazeutische

Industrie war ausgebaut worden. Die Todesraten bei Tuberkulose, der Volkskrankheit Nummer 1, waren deutlich gesunken. Auch die Zahl der Geschlechtskrankheiten war zurückgegangen. Etliche eigens eingerichtete Spezialambulatorien für venerische Leiden konnten geschlossen werden.

Zur ambulanten Versorgung gehörte auch das Betriebsgesundheitswesen, was in der DDR breit ausgebaut wurde. Die Einrichtung begann bereits in der SBZ. In allen Betrieben ab 200 Mitarbeiter sollten Sanitätsstellen, ab 5.000 Mitarbeiter Polikliniken eingerichtet werden. Die gesundheitspolitischen Vorgaben, die vor allem auf Vorsorge beruhten, sollten hier vor Ort im jeweiligen Betrieb umgesetzt werden. Die Betriebspolikliniken erfreuten sich großer Beliebtheit und wurden nach der Friedlichen Revolution gern als einer der Gründe genannt, warum »nicht alles« in der DDR schlecht war.

In der DDR galt die Poliklinik als die »höchste Form« der ambulanten Betreuung. Ein Kollektiv aus Fachärzten war demnach am besten geeignet, Menschen mit unterschiedlichen Krankheiten zu behandeln. Die medizinische Ausrüstung könnte,

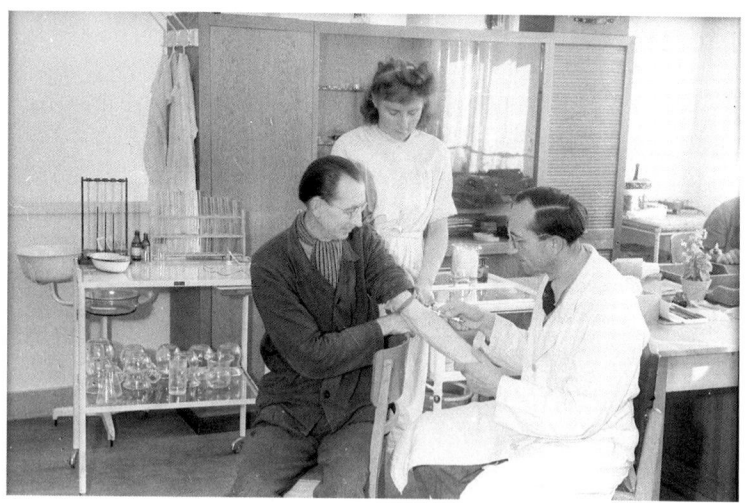

Bundesarchiv, Bild 183-S80790

Ein Betriebsarzt betreut in einer Poliklinik in Jena die Arbeiter, 1948.

so der Gedanke, gemeinsam genutzt werden. Entsprechend galt in der DDR-Ideologie der einzelne frei praktizierende Arzt als eine veraltete, reaktionäre Erscheinungsform innerhalb des Gesundheitswesens. Unmöglich könne ein einzelner Arzt ein derartig umfassendes Wissen besitzen, um gemäß dem medizinischen Fortschritt zu behandeln. In der Regel sollten in Polikliniken mindestens vier, später, ab 1970, fünf Ärzte verschiedener Facharztrichtungen arbeiten. Zu den vertretenen Subspezialisierungen gehörten Innere Medizin, Chirurgie, Frauenheilkunde und Geburtshilfe sowie Kinderheilkunde. Hinzu kam mindestens ein Zahnarzt. Als Ausrüstung der Polikliniken waren verschiedene Abteilungen vorgeschrieben: Röntgen-Diagnostik, klinisches Labor, eine elektrophysikalische Abteilung und eine Apotheke. Das waren allerdings nur Mindestanforderungen. Tatsächlich gab es große Polikliniken in den Städten, in denen teilweise Dutzende Ärzte aller Fachrichtungen arbeiteten. Beispielsweise wurden in den 1980er-Jahren ambulante psychiatrisch-neurologische Abteilungen inklusive fürsorgerischer Betreuung ausgebaut – vor dem Hintergrund einer hohen Zahl chronisch alkoholkranker Patienten in der DDR.

Der Status von Polikliniken, die an Krankenhäuser angeschlossen waren, wurde in dieser Zeit gestärkt. In Polikliniken an Krankenhäusern wurden Patienten neben der üblichen ambulanten Behandlung auch prästationär untersucht, hier fand die Nachsorge beispielsweise nach Eingriffen und stationärem Aufenthalt statt. Die angeschlossenen Polikliniken hatten eigene Stellen- und Haushaltspläne. In der Regel waren die Ärzte hauptberuflich in der Poliklinik beschäftigt. Nur wenige Experten arbeiteten in beiden Bereichen und boten Spezialsprechstunden an. Das verdeutlicht, welchen Stellenwert die Poliklinik und die ambulante Versorgung in der DDR hatten. Es zeigt aber auch, dass die erwünschte Verzahnung von ambulanter und stationärer Versorgung vor allem in der letzten Dekade der DDR mit der neuen Rahmenkrankenhausordnung teilweise aufgegeben wurde. Für die Patienten hatte das

Ein Ambulatorium in Erfurt (Rieth). Dort werden die Einwohner auf den Gebieten Allgemeinmedizin, Zahnmedizin, Kinderheilkunde und Gynäkologie betreut, 1978.

insbesondere die Folge, dass sie vor und während eines Klinikaufenthaltes nicht vom gleichen Arzt betreut wurden.

Im Unterschied zu den Polikliniken arbeiteten in den kleineren Ambulatorien in der Regel ein Allgemeinmediziner, ein Kinderarzt sowie ein Zahnarzt. Andere Fachärzte boten teilweise Sprechstunden an. In der Regel waren Röntgengeräte und ein Labor vorhanden. Die Landambulatorien sollten, so hieß es im entsprechenden Ministerratsbeschluss, die medizinische Versorgung auf dem Land abdecken, und damit »endgültig die Vernachlässigung der medizinischen Betreuung« als »Folge der kapitalistischen Gesellschaftsordnung« beseitigen. Die Einrichtungen reichten jedoch nicht aus. Versucht wurde, mit zusätzlich arbeitenden Gemeindeschwestern den Bedarf für die medizinische Betreuung zu decken. Die Schwestern arbeiteten teilweise ehrenamtlich. Außerdem wurden in den 1950er Jahren etliche staatliche Arztpraxen auf dem Land eingerichtet. Die Mitarbeiter waren bei der regionalen Gesundheitsverwaltung angestellt.

Ideologie und Untergang der 1980er-Jahre

Bis zu ihrem Ende galt das Gesundheitswesen der DDR als »bedeutende Errungenschaft« der sozialistischen Gesellschaft. Der Schutz der Gesundheit war ein verfassungsmäßig garantiertes Recht der Menschen. Das einheitliche Sozialversicherungssystem mit unentgeltlicher medizinischer Betreuung war selbstverständlich in der DDR. »Gesundheit für alle« war ein Schlagwort der Propaganda, was auch als wichtige ideologische Hülse im deutsch-deutschen Vergleich diente. Das DDR-Gesundheitswesen – und hier vor allem die ambulante Versorgung mit Polikliniken – galt in der Selbstdarstellung als das sozialere. Besonders der Gedanke der Prophylaxe ist aus heutiger Sicht gesundheitspolitisch sinnvoll. So gelangen der DDR mit ihrem Impfprogramm insbesondere bei Krankheiten wie Kinderlähmung und Masern deutliche Erfolge. Die Lebenserwartung der Menschen war seit dem Krieg stetig gestiegen. Allerdings stagnierten etwa ab den 1970er-Jahren gesundheitspolitische Kennwerte. Im Vergleich zum Westen geriet die DDR zunehmend ins Hintertreffen. Im Einklang mit der wirtschaftlichen Gesamtlage reichten Ressourcen für das Gesundheitswesen nicht, die Versorgungslage verschlechterte sich teilweise dramatisch. Interne Papiere der SED zeigen, dass im Jahr 1988 die Zulassung neuer privater Arztpraxen gefördert werden sollte, um die ambulante Grundversorgung abzusichern. So schrieben die zuständigen Funktionäre, dass der Arzt in eigener Niederlassung »noch auf lange Zeit unter unseren gesellschaftlichen Bedingungen seine Daseinsberechtigung« habe. Diese auch ideologische Wendung bedeutete allerdings keine Abkehr von den grundsätzlichen ambulanten Strukturen wie den Polikliniken.

Insgesamt jedoch fehlten der zuständigen Abteilung Gesundheitspolitik im ZK der SED insbesondere in den 1980er-Jahren Ideen oder wirksame Konzepte, wie die Gesundheitsversorgung zu retten sei. Zuständig für diese Abteilung war Politbüromitglied Kurt Hager, der eher als Kulturfunktionär

DDR- Propagandaplakat vor einer Poliklinik in Zwickau, 1982.

bekannt war denn als Gesundheitspolitiker. So überrascht es wenig, dass das Gesundheitswesen der DDR trotz der hohen auch ideologischen Bedeutung seitens der SED-Führung relativ stiefmütterlich behandelt wurde. Als ein Beispiel dafür könnte die Entwicklung von Ärztegehältern gesehen werden. Die politischen Akteure taten sich viele Jahre schwer, die Gehälter von Medizinern der allgemeinen Entwicklung anzupassen. Die angestellten DDR-Ärzte verdienten gegenüber ihren westdeutschen Kollegen deutlich weniger. Die SED-Funktionäre setzten im Wesentlichen weiter auf ideologische Erziehung der Ärzte. Die SED wurde nicht müde, beständig die eigene Gesundheitspolitik als Kennzeichen der »prinzipiellen Überlegenheit des Sozialismus« gegenüber einem grundlegend »profitorientierten Gesundheitswesen kapitalistischer Länder« herauszuheben.

Transformation und Rückblick

Mit der Friedlichen Revolution von 1989/90 begann im Osten Deutschlands eine vollständige Umstrukturierung der ambulanten Versorgung, was ein Ende der bisherigen Einrichtungen bedeutete. Zwar hatte der im April 1990 gewählte Ministerpräsident Lothar de Maizière (CDU) einen Erhalt der Polikliniken angekündigt, wie das in der Realität umgesetzt werden sollte, jedoch offengelassen. Entsprechend groß waren die Sorgen unter den Angestellten. Unklar waren neben strukturellen Fragen zu Trägerschaften der Einrichtungen und Abrechnung von medizinischen Leistungen auch Fragen zum Kündigungsschutz oder Renten der bisherigen Angestellten. Insgesamt fehlten rechtsverbindliche Vorgaben zur Zukunft der ambulanten Versorgung. Für viele der rund 20.000 Ärzte im ambulanten Gesundheitswesen war eine eigene Praxis keine Alternative. Nur etwa zehn Prozent befürworteten anfangs den Aufbau einer eigenen Niederlassung. Das Durchschnittsalter der DDR-Mediziner betrug ungefähr 50 Jahre. Besonders ältere Ärzte fürchteten, die Kosten für Kauf oder Anmietung von Räumen und Technik aufbringen zu müssen. Die Grenze von Darlehenszusagen durch Banken lag internen Angaben zufolge bei einem Alter von rund 44 Jahren – gemessen an künftigen Einkommen und aufgebautem Eigenkapital. Das Gesundheitsministerium wurde nahezu überflutet mit Briefen von Ärzten und Personal der Polikliniken. Darin wurde immer wieder auf die gewachsene Struktur des Gesundheitswesens in der DDR hingewiesen. Trotz der weiter anhaltenden angespannten Versorgungslage in der ambulanten Medizin drängten Mitarbeiter der Polikliniken auf einen Erhalt ihrer Einrichtungen. Eine Ärztin einer Poliklinik in Dresden begründete das in einer Eingabe mit wohlorganisierten Strukturen, festem Vertrauensverhältnis zu den Patienten und der stets bestehenden Möglichkeit, einen Arzt sprechen zu können. Das könne eine Privatpraxis kaum bieten. Ein Poliklinikleiter aus Rathenow schrieb beispielsweise im August 1990, dass das neue ostdeutsche Gesundheitswesen durchaus von einer »pluralistischen Vielfalt« profitieren könnte: Man solle nicht das »Monopol der Polikliniken durch ein Monopol niedergelassener Ärzte« auswechseln.

Wesentliche Kritik an einer kompletten Übernahme des westlichen ambulanten Systems kam beispielsweise von Seiten der Gewerkschaften. So forderte die ÖTV Berlin im Juli 1990 neben einem Erhalt der Polikliniken als kommunale Einrichtungen eine Ausweitung dieser ambulanten Versorgung auf den Westteil der Stadt. Die Gewerkschaft begründete das mit ähnlichen Argumenten wie einst DDR-Verantwortliche: in der Bundesrepublik gerate Gesundheit zur Ware, da an Krankheit verdient werde. Auch werde mit dem Zerstören der Strukturen die prophylaktische Arbeit des DDR-Gesundheitswesens vernachlässigt. Auch Krankenkassen, darunter AOK oder BKK, hielten eine Übernahme von DDR-Strukturen durchaus für sinnvoll. Das Krankenkassen-Vertragsgesetz vom 13. September 1990 konkretisierte den im Einigungsvertrag gezogenen Rahmen für die ambulante Versorgung und schaffte zumindest Rechtssicherheit. Grundsätzlich sollte das ambulante Gesundheitswesen im Osten Deutschlands dem System der Bundesrepublik angepasst werden. Polikliniken und andere DDR-typische ambulante Einrichtungen sollten bis Ende 1995 in Praxen, Ärztehäuser oder in medizinische Zentren mit unterschiedlichen Trägern umgewandelt werden. Dafür erhielten die bestehenden Einrichtungen Zulassungen für eine kassenärztliche Tätigkeit. Mit Beginn 1991 sollten Leistungen nunmehr über die Krankenversicherung abgerechnet werden. Die Vergütung der Ärzte allerdings unterschied sich deutlich von der in der alten Bundesrepublik, sie lag anfangs bei 45 Prozent.

Der politische Wille, mögliche Vorzüge des ambulanten Systems der DDR in die Bundesrepublik zu integrieren, fehlte im Wesentlichen – dies auch vor dem Hintergrund einer geforderten raschen Vereinigung beider deutscher Staaten. Angesichts der maroden Lage des Gesundheitswesens allgemein galt politischer Pragmatismus. Die Anpassung an westliche Strukturen beförderten auch bundesdeutsche Ärzteverbände, die im Osten rasch Fuß fassten. Ambulante Strukturen sollten schnell aus der finanziellen Verantwortung des Staates hin zur Eigenfinanzierung über das Krankenversicherungssystem der Bundesrepublik geführt werden. Diese Entwicklung war zunächst nicht zwangsläufig. In den Absprachen der zuständigen Ministerien in West und Ost gemeinsam mit weiteren gesundheitspolitischen Akteuren wurden nachweislich verschiedene Modelle zum Überleben von Polikliniken in der Marktwirtschaft offen diskutiert. Seit längerem war das westdeutsche Gesundheitssystem einer kritischen Diskussion wegen mangelnder Effizienz ausgesetzt gewesen. Insofern boten sich nun Anknüpfungspunkte für eine Reform auch der westlichen Betreuung bei Übernahme bestimmter DDR-Strukturen. Angedacht wurden Poliklinik-GmbHs oder auch Übernahme von Polikliniken durch einzelne Krankenkassen bei weiterer Anstellung aller Ärzte. Daneben wurde auch eine Überführung von Polikliniken in Gesundheitszentren mit Ärztehaus und Gesundheitsamt unter einem Dach diskutiert, um die Fürsorge und kommunale Prävention und damit Dispensaire- und Prophylaxegedanke der DDR zu übernehmen. Die Förderung zum Erhalt von Poliklinikstrukturen oder vergünstigte Darlehensangebote als Sicherheiten besonders für ältere Ärzte wurden von Politikern parteiübergreifend gefordert. Durchgesetzt wurde letztlich allenfalls ein vorläufiges Niederlassungsverbot für aus dem Westen zuziehende Ärzte.

Im Jahr 1992 stellte die Bundesregierung in einer Zwischenbilanz fest, dass der Umbau der Gesundheitsversorgung in den Neuen Ländern so gut wie abgeschlossen sei. Fünf Jahre nach der Vereinigung beider deutscher Staaten war die ambulante Versorgung in Ostdeutschland angeglichen an die alte Bundesrepublik. Die Transformation war aus westlicher Perspektive weitgehend »innovationsfrei« abgelaufen.

ullstein Bild, 04755551,

22. September 1989: Charité-Klinik in Ost-Berlin. Durch Abwanderung von Ostdeutschen in die Bundesrepublik herrscht in der Klinik ein Mangel an medizinischem Personal.

Verschiedentlich wurde über das letztlich überraschend hohe Tempo bei der Übernahme des westlichen Gesundheitssystems in den Neuen Ländern diskutiert. Hier spielte neben den politischen Entscheidungen auch die Eigendynamik innerhalb der Ärzteschaft eine große Rolle. Mit jeder Entscheidung eines Arztes für eine eigene Praxis verstärkten sich letztlich die Sorgen der in den Polikliniken verbliebenen Kollegen, zumal diese nunmehr Relikte der DDR-Zeit nur eine Zusicherung bis zum Jahr 1995 hatten.

Dreizehn Jahre nach der deutschen Einheit erlebte die Poliklinik innerhalb der Gesundheitsreform von 2003 gewissermaßen eine Renaissance in der Bundesrepublik als Medizinisches Versorgungszentrum (MVZ). Hintergrund der Entwicklung waren die anhaltend defizitären Strukturen in der ambulanten Versorgung. Im MVZ können beliebig viele Ärzte als Angestellte arbeiten. Wie bei den einstigen Polikliniken werden Technik, Räume oder Personal gemeinsam ressourcenschonend genutzt. Ähnlich wie in der DDR nutzen auch Krankenhäuser die ambulanten Strukturen. Ein wesentlicher Unterschied zur Poliklinik besteht bei den MVZ in der Abrechnung der medizinischen Leistungen über die Kassenärztliche Vereinigung. Darüber hinaus sind die Versorgungszentren nicht in staatlicher Hand – die Träger kommen aus dem privatwirtschaftlichen Bereich, was immer wieder zur Kritik führt, dass finanzielle Interessen der Geldgeber die freie Berufsausübung der angestellten Ärzte und damit auch deren ethische Verpflichtungen im Sinne des Gemeinwohls untergraben.

Medizinische Versorgungszentren gelten als Nachfolger der früheren Polikliniken. Hier ein Angebot aus Erfurt, 2023.

Literatur

Braun, Jutta (2023): Politische Medizin. Das Ministerium für Gesundheitswesen der DDR 1950 bis 1970. Wallstein Verlag, Göttingen.

Erices, Rainer (2014): Im Dienst von Staat und Staatssicherheit: Bezirksärzte der DDR in einem maroden Gesundheitssystem. In: Totalitarismus und Demokratie, 11, 207–220.

Ernst, Anna-Sabine (1997): »Die beste Prophylaxe ist der Sozialismus«: Ärzte und medizinische Hochschullehrer in der SBZ/DDR 1945–1961. Waxmann, Münster.

Harmsen, Hans (1978): Das Gesundheitswesen der DDR – eine ökonomische Analyse aus ordnungstheoretischer Sicht. Bundesanstalt für Gesamtdeutsche Aufgaben, Hamburg.

Hockerts, Hans Günter (Hrsg., 1998): Drei Wege deutscher Sozialstaatlichkeit, NS-Diktatur, Bundesrepublik und DDR im Vergleich, Schriftenreihe der Vierteljahrshefte für Zeitgeschichte Band 76. R. Oldenbourg Verlag, München.

Krumbiegel, Heike (2007): Polikliniken in der SBZ/DDR. Konzeption und Umsetzung öffentlicher, poliklinischer Einrichtungen unter der besonderen Berücksichtigung Brandenburgs. Psychosoziale Aspekte in der Medizin, VAS – Verlag für Akademische Schriften, Frankfurt a. M.

Kumbier, Ekkehardt und Haack, Kathleen (Hrsg., 2023): Psychiatrie in der DDR III. Weitere Beiträge zur Geschichte, Schriftenreihe zur Medizin-Geschichte, Band 28. BeBra Wissenschaft Verlag. Berlin.

Redetzky, Hermann (1954): Unsere Polikliniken. Entwicklung, Aufgaben und Ziele. VEB Verlag Volk und Gesundheit, Berlin.

Spaar, Horst (Hrsg., 1996–2003): Dokumentation zur Geschichte des Gesundheitswesens der DDR/ Teile 1–6. Interessengemeinschaft Medizin und Gesellschaft, Berlin.

Wasem, Jürgen (1997): Vom staatlichen zum kassenärztlichen System: Eine Untersuchung des Transformationsprozesses der ambulanten ärztlichen Versorgung in Deutschland. Schriften des Max-Planck-Instituts für Gesellschaftsforschung Köln, No. 31, Campus Verlag, Frankfurt a. M.